ZUM
PI
EN
R EICH
TS

Dieses Buch gehört

ISBN: 978-3947738663
© 2022 Kampenwand Verlag
Raiffeisenstr. 4 · D-83377 Vachendorf
www.kampenwand-verlag.de

Versand & Vertrieb durch Nova MD GmbH
www.novamd.de · bestellung@novamd.de · +49 (0) 861 166 17 27

Autoren: Franz Zwerschina & Rafael Bettschart
Lektorat: Tatjana Westphal

Printed in Czech Republic

FINIDR, s.r.o. · Lípová 1965 · 737 01   eský T˅šín

ZUM PISSEN
REICHTS

Franz Zwerschina & Rafael Bettschart

ZUM PISSEN REICHTS*
Das etwas andere Cocktailbuch

* Wir raten Ihnen dringlichst, sich mit diesem Buch nicht in der Öffentlichkeit zu zeigen.
Ihre Reputation könnte empfindlich darunter leiden.

VORWORT ZU DIESER AUSGABE
(frei nach dem „kleinen Prinz")[2]

»Was machst du hier?«, sprach der als kleine Prinz verkleidete Rafael Bettschart zu seinem Freund Franz Zwerschina, den er sturzbetrunken im Wirtshaus vorfand.
»Ich trinke«, antwortete Franz traurig.
»Warum trinkst du?«, fragte Rafael.
»Um zu Vergessen!«, antwortete Franz.
»Was willst du vergessen?«, fragte Rafael und sah seinen Freund mit kummervoller Miene an.
»Ich will vergessen, dass ich mich schäme«, gestand Franz und ließ den Kopf noch tiefer hängen.
»Warum schämst du dich?«, bohrte Rafael weiter, denn er wollte seinem Freund helfen.
»Ich schäme mich, weil ich dieses Buch hier geschrieben habe!«, rief Franz plötzlich und brach in schallendes Gelächter aus.
»Bravo«, stieß Rafael hervor und umarmte seinen Freund innig.
»Erkenntnis ist der erste Schritt zur Seligkeit«

[2] Sehr frei! - Anm. der Herausgeber

WIDMUNG

Dieses Buch ist den großen
und trinkfesten Schriftstellern der Weltliteratur gewidmet,
die in ihrem elenden Suff die wunderbarsten Geschichten
für uns aufgeschrieben haben.

KURIOSES

Liu Ling war ein chinesischer Dichter[5], der die Erleuchtung in übermäßigem Alkoholkonsum und ausufernden Saufgelagen suchte. Laut Überlieferung lief er gerne nackt herum, trank Reiswein in rauen Mengen und hatte stets einen Diener dabei, der ihn - so er vom Trinken tot umfallen sollte - an Ort und Stellen begraben sollte.

[5] Kenner wissen natürlich, dass „Dichter" eines jener euphemistischen Worte ist, welches meist dem Alkohol zugeneigte Trunkenbolde bezeichnet, die im Suff ihrer romantischen Neigung zur Poesie frönen.

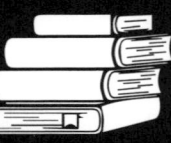

Hinweis in eigener Sache: Der famose Grafiker unseres Erstlings Zum Scheissen reichts stand uns dieses Mal nicht zur Verfügung. Um ehrlich zu sein, war er sternhagelvoll vom billigen Fusel, den er sich aus den kärglichen Einnahmen des ersten Buches kistenweise in seine WG karren ließ. Also mussten wir kurzfristig einen Werkstudenten im ersten Semester anheuern - ihm haben wir diese erbärmlichen Illustrationen zu verdanken.

JETZT NOCH EIN COCKTAIL BUCH?!

Cocktailbücher gibt es wie Sand am Meer oder - um es mit einer passenden Metapher auszudrücken - Hopfen im Bier, Trauben im Wein oder Plastik im Körper von Donatella Versace. Wir wollen weder ein Büchlein über obskure Cocktails - deren Ingredienzien den Besitz eines südtropischen Inselparadieses voraussetzen - auf den Markt bringen, noch wollen wir Sie mit schmeichelhaften Stock-Fotos langweilen, deren einzige Aufgabe es ist, Text zu sparen.[4]

Es ist unser Anliegen, ihren Alltag mit einem Überblick über verschiedene, erschwingliche Alkoholika zu bereichern. Warum den ewig gleichen Kaffee, wenn Sie sich mit wenig Aufwand auch die Dude-Variante machen können? Warum eine Flasche Eierlikör vom Discounter, wenn Sie sich für das selbe Geld auch einen leckeren Cocktail mit frischen Zutaten mixen können? Es braucht nicht viel, um sich einen Zirbenschnaps zu Hause selbst herzustellen. Wie bereits in unserem ersten Buch „Zum Scheissen reichts", bieten wir Ihnen einen kreativen Zugang zu den lukullischen Genüssen.

[4] Das bewerkstelligen wir einfach, indem wir eine größere Schrift verwenden
- Anm. der beiden Autoren

Ein Bauer hat vielleicht noch nie in seinem Leben das Wort „Drink" in den Mund genommen und brennt doch einen Weinbrand, der es in seiner Qualität mit den besten Cognacs der Welt aufnehmen kann. Qualität ist kein Zeichen von Geld oder Einfluss, sondern ausschließlich von der Leidenschaft seiner Produzenten.

Dabei brauchen Sie kein schlechtes Gewissen zu haben. Saufen ist Teil unserer Gesellschaft. Wussten Sie, dass Archäologen bei Ausgrabungen jahrtausendealte Rezepte zur Zubereitung von Bier und Wein gefunden haben? Man kann also guten Gewissens davon ausgehen, dass die Menschheit seit jeher fleißig am Bechern ist.

FÜR WEN IST DIESES BUCH?

Auch wenn es der Titel vielleicht suggeriert: dieses Buch ist kein Plädoyer zum hemmungslosen Trinken. Mitnichten richten wir uns an die stumpfen Säufer und Trunkenbolde, jenen oft torkelnden Gesellen, die spreizbeinig durch die Gegend wanken und für gewöhnlich lallend in irgendeiner Bar oder in der U-Bahn-Station enden. Unsere „idealen" Leser sind Menschen, die den Genuss von Alkohol über die Sucht stellen, die ihren Geist beflügeln und ihn nicht betäuben. Kurz: jene illuminierten Zeitgenossen, die das Maß[5] kennen und sich durch überlegten Konsum zu kultivierten Genießern emporschwingen.

Um Sie nicht nur mit schnöden Rezepten zu langweilen, wird Sie Brutus - seineszeichen Barkeeper und Vollzeit-Dionysos - durch das Buch führen und Sie mit der ein oder anderen persönlichen Geschichte behelligen.

---

[5] Sollten Ihnen der Begriff „Maß" nur vom Oktoberfest geläufig sein, dürfen Sie sich durchaus schämen!

Brutus

DER LETZTE RAUSCH

DER LETZTE RAUSCH

Der österreichische Dichter André Heller erzählt in einem Interview von seinem Freund Gerd Marquant, der seinen Tod - so wie er zeitlebens prophezeit hat - während des Beischlafs fand. Bei der Beerdigung stand die Trauergemeinde mit Bier, Schnaps und anderen Alkoholika am Grab und erwies dem Verstorbenen mit dem Hochprozentigen die letzte Ehre. André Heller erinnert sich, dass man bereits vom bloßen Riechen betrunken wurde.

WAS BRAUCHEN SIE?

Wie bereits im letzten Teil unserer Buchreihe, finden Sie unten stehend eine vollständige Liste aller Utensilien, die Sie zum Meistern unserer köstlichen Cocktails benötigen.

- ☒ ~~Talent~~
- ☒ ~~Küche~~
- ☐ Leidenschaft
- ☒ ~~Zitronenpresse~~
- ☒ ~~Geschmack~~
- ☐ Einen Cocktailshaker[6]
- ☒ ~~Eiszange~~
- ☐ Messbecher
- ☒ ~~Barlöffel~~

[6] Die Eliten unter Ihnen können gerne auch einen überteuerten Cocktail-Quirl erwerben, der außer seinem reichlich beknackten Namen keinen weiteren Vorteil bietet. Für die Pfennigfuchser unter Ihnen empfehlen wir das Gabel-Replik aus dem Buch „Zum Scheissen reichts".

Brutus hat alles, was man zum Cocktailmachen braucht.
Leidenschaft und Spaß an der Sache!

„Ich glaube, wenn dir das Leben Zitronen beschert,
dann solltest du Limonade machen und jemanden finden,
dem das Leben Wodka beschert hat,
um zusammen eine Party feiern zu können."

Ron White

„Ich habe viel Geld für Alkohol, Weiber
und schnelle Autos ausgegeben.
Den Rest hab' ich einfach verprasst."

George Best (nordirischer Fußballspieler)

DER „WODKA WELLNESS"

Da wir Sie, werte Leser, nicht gleich völlig über-
fordern möchten, beginnen wir mit der „Diät-Va-
riante" eines Cocktails mitsamt seiner skurrilen
Geschichte:

Als mein erster Spielfilm im Jahr 2016 abgedreht
und kein Geld mehr übrig war, entschloss ich
mich - der Idee eines Freundes gehorchend - die
Postproduktion in der Ukraine zu machen.[7]

Als kompetenter Filmemacher war ich in der einheimischen Industrie ein gern gesehener Gast auf
Veranstaltungen. Die ukrainische Gastfreund-
schaft definierte sich über mindestens fünfzehn
Wodkashots „täglich", die mir in den verschiedenen Bars eingeflößt wurden. Da Abzulehnen die
Gefühle der Einheimischen verletzt hätte, genoss
ich den sonderbaren regionalen Brauch mit Wonne.

[7] Sie können davon ausgehen, dass selbstverständlich nur das Können der dortigen Einwohner
zu dieser Entscheidung geführt hat.

Nach einigen Wochen war es dann soweit: dauerbetrunken und verkatert verspürte ich zum ersten Mal meine eigene Sterblichkeit. Ich beschloss dem Trinken ein Ende zu setzen, ohne mich bei den Eingeborenen unbeliebt zu machen.

Es war in einer schicken Steampunk-Bar im Stadtzentrum von Kiew, wo die Filmcrew einen erfolgreichen Tag im Schnittraum mit Alkohol begoss. Bereits bei dem Gedanken an den nächsten Wodkashot stieg Übelkeit in mir auf. Und so kam mir eine Idee:

Zwischen angehender Leberzirrhose und geistiger Umnachtung bat ich den Barkeeper um ein großes Cocktailglas, gefüllt mit Eis und Wodka. Den Rest vom Glas befüllte ich mit Sodawasser, welches ich bereits zuvor in weiser Voraussicht bestellt hatte.

Meine sichtlich verwirrten Kollegen starrten mich entgeistert an. Aber ich ließ mich nicht entmutigen und nach einer kurzen Pause prostete ich ihnen auffordernd zu: »Der Wodka Wellness. Für den eleganten Genießer!« Als Connaisseur, der ich bin, kredenzte ich noch ein Stück Gurke obendrauf. Die staunende Menge klatschte Applaus.[8] Ab diesem Zeitpunkt war es ein leichtes, den Wellnessurlaub in der Ukraine zu genießen.

---

[8] Okay, dieser Satz ist gelogen. Aber ich halte es wie Erich Kästner: »Ob die Geschichte wirklich passiert ist oder nicht, ist egal. Hauptsache, sie ist wahr!«

ZUBEREITUNG

1. Geben Sie Eiswürfel in ein mittelgroßes Glas und schütten Sie etwas Wodka hinein. Halten Sie kurz inne und genießen Sie das meditative Knacken des gefrorenen Wassers.

2. Füllen Sie das Glas mit prickelndem Mineralwasser auf und kredenzen Sie den Drink mit einer Gurkenscheibe.[9]

3. Genießen Sie Ihren ersten „Wodka-Wellness" zu einer guten Flasche Rotwein.[10]

[9] Alternativ können Sie gerne auch anderes Gemüse verwenden. Ihrer Kreativität sind keine Grenzen gesetzt.
[10] Du lieber Himmel. Erst die 10. Fußnote und schon sinkt das Gagniveau drastisch - Anm. der Herausgeber

- EISWÜRFEL
- WODKA
- PRICKELNDES MINERAL-
  ODER SODAWASSER
- GURKENSCHEIBE

ZUTATEN

GESUND
DURCH
ALKOHOL

Bei den Dreharbeiten zum Hollywoodfilm »Agenten sterben einsam« kam es 1968 in Salzburg zu einem heimtückischen Durchfall, der die gesamte Filmcrew heimsuchte. Die Einzigen, die von Montezumas Rache verschont blieben, waren Hauptdarsteller Richard Burton und seine Göttergattin Elizabeth Taylor. Sie hatten sich ausschließlich von Whiskey ernährt, der aus dem nahen München literweise herangekarrt wurde.

KLEINER TIPP ZUR SELIGKEIT

KLEINE TIPPS ZUR SELIGKEIT

Der Schriftsteller Janosch ist nicht nur der Autor des Kinderbuch-klassikers „Oh, wie schön ist Panama", sondern auch ein begnadeter Alltagsphilosoph. So spricht er in einem Interview davon, dass er den Rotwein lieber trinke als den Weißwein. Wenn aber kein Wein zu Hand sei, begnüge er sich einfach mit Wasser. Wenn es auch kein Wasser gibt - so der kauzige Schnurrbartträger - „Dann vergesse ich einfach, dass ich Durst habe."[11]

[11] Wenn Sie ebenso weise werden wollen wie Janosch, empfehlen wir Ihnen ganz schnell zu ver-gessen, dass Sie für dieses Buch auch noch Geld ausgegeben haben. - Brutus

Warum ich trinke?
Um zu vergessen!
Was vergessen?
Dass ich trinke!

DER „SOMETHING WITH GIN, PLEASE"

Ein Klassiker des 21.Jahrhunderts, der selbstverständlich nicht fehlen darf. Seinen kuriosen Namen verdankt der Cocktail den unzähligen besoffenen Studenten und Studentinnen, die täglich in den Bars dieser Welt verkehren.

Im Jahr 2017 saß ich mit einer jungen Dame aus dem fernen Moldau in einer Bar. Es war ein netter Abend und als ich zahlen wollte, schlug meine Begleitung noch einen »Absacker« vor. Sie drehte sich zum Barkeeper und flüsterte geheimnisvoll: »Do you have a special Gin with something?«

Der Kellner blickte uns einen Augenblick an, nickte und machte sich daran, unseren Wunsch zu erfüllen. Ein paar Augenblicke später stellte er uns die Drinks auf die Theke. Sie schmeckten fantastisch!

Als ich mich nach den Zutaten erkundigte, sagte der Barkeeper nur, es sei eine Eigenkreation - auch den Namen des Longdrinks wollte er mir nicht verraten. Was für ein sonderbarer Geselle, dachte ich mir. Aber als wir an der Tür waren, rief er uns auf Deutsch hinterher:»Jeden Tag kommen Betrunkene in diese Bar und wollen einen speziellen Gin - als wären sie Oscar Wilde oder ein anderer verdammter Dandy. Und jedes Mal höre ich die selben vier Wörter: »Something with Gin, please!«

- 50 CL GIN
- 15 CL ESTRAGONSIRUP
  ODER EIN ANDEREN
  PFLANZENSIRUP
- 25 CL FRISCHER
  LIMETTENSAFT
- 1 LIMETTENSCHEIBE
  ZUM GARNIEREN

Die Ingredienzen ansammeln und
anschließend ab in den Cocktailshaker.

ZUTATEN

EIN GANZES EMPIRE IM KOLLEKTIVEN SUFF

Im 19. Jahrhundert wurde in England eine unfassbare Menge Gin schwarz gebrannt und billig verkauft. Gin war günstiger als Brot und Wasser, was dazu führte, dass die Bevölkerung mehr soff als Nahrung zu sich nahm. Der damals vorherrschende Brennstandard sorgte für minderwertige Qualität und zahlreiche gesundheitliche Probleme unter der ärmlichen Bevölkerung. Um dem Herr zu werden, beschloss die Regierung eine Gin-Steuer sowie verpflichtende Schanklizenzen für Gin einzuführen. Die Tumulte folgten auf dem Fuß: Das Inselvolk erboste sich über das auferlegte Verbot, welches das für viele Briten ureigene »Recht auf Trunkenheit« einschränkte. Doch man fügte sich. Der Gin wurde immer teurer und die Qualität verbesserte sich erheblich. Plötzlich fand die Oberschicht Geschmack am Gin, sodass das Gesöff Einzug in die feine Gesellschaft fand.

Brutus im kollektiven Suff

TOD AM NACHMITTAG

Wenn man der Legende glauben schenken darf, hat kein Geringerer als der Schriftsteller und Abenteurer Ernest Hemingway diesen Cocktail erfunden. In manchen Kreisen ist der Cocktail deshalb auch als der „Hemingway" bekannt.[15]
Wie der Name bereits verrät, handelt es sich hierbei um ein relativ hartes Getränk, bei dem die Intention des Trinkers von Anfang an vollkommen klar ist. Perfekt für den warmen Nachmittags-Suff!
Das erstes Mal bin ich diesem Cocktail begegnet, als ich meinen Cousin in der Schweiz besuchte. Ich hatte ihn lange nicht gesehen und dementsprechend blau waren wir bereits zu Mittag - so blau, dass der Tag letztlich nur mit einem weiteren Absacker enden konnte. Kurz: dem Tod am Nachmittag.

[15] Sie müssen kein Buch des Weltliteraten kennen, um diesen Cocktail zu genießen. Es kann aber nicht schaden, wenn Sie einmal etwas für Ihren Intellekt tun und „Wem die Stunde schlägt" lesen.

CHMITTAG

EINE FRAGE

Was findet man in Zürich um 17:30 Uhr, während der Hauptverkehrszeit, wenn die braven Arbeiter nach einem mühsamen Tag nach Hause pilgern? Richtig! Mich, Brutus! Und zwar kotzend auf dem Zürcher Bellevue. Konnte es noch schlimmer kommen? Natürlich! Den letzten Rest Würde gab ich dann am Abend des selbigen Tages beim DJ BoBo Konzert ab, zu dem mich mein - ebenfalls übelst verkaterter - Cousin schleppte.[16]

VORSICHT:

Genießen Sie den Cocktail bitte mit Bedacht, er trägt seinen Namen nicht umsonst.

[16] DJ BoBo Witze sind unterste Schublade! - Anm. der Herausgeber*
* DJ BoBo Konzerte auch! - Anm. von Brutus

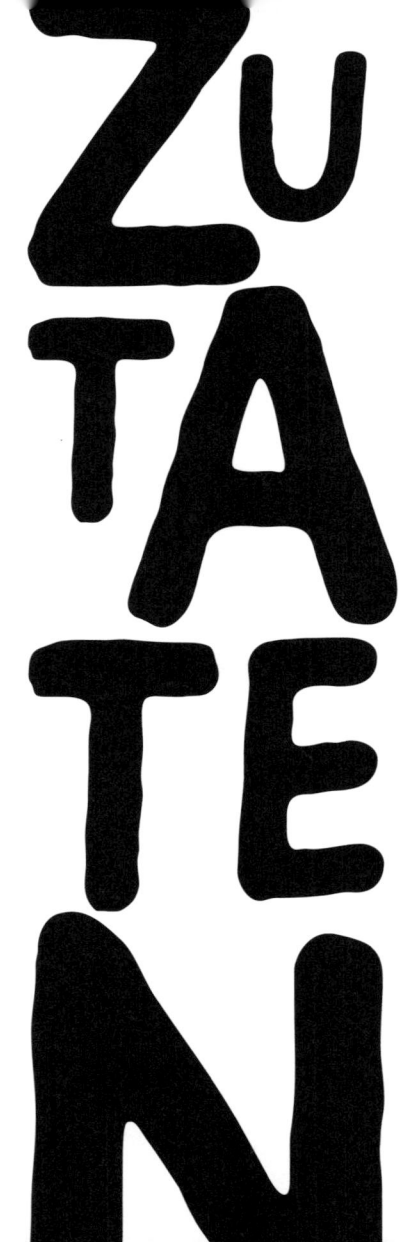

ZUTATEN

□ 30 BIS 40 ML ABSINTH

□ 100 ML EISGEKÜHLTER
CHAMPAGNER

Sie wünschen eine Anleitung? Dann
am besten gleich vom Meister selbst,
der den „Tod am Nachmittag" wie
folgt empfiehlt

»Gießen Sie Absinth in ein Champagnerglas. Fügen Sie gefrorenen Champagner hinzu, bis er die richtige schillernde Milchigkeit erreicht. Nehmen Sie sich Zeit und trinken Sie drei bis fünf davon.«

Ernest Hemingway

AB
SIN
TH

ABSINTH

Früher wurden Absinth oft bewusstseinserweiternde Qualitäten zugeschrieben, da der im Wermut enthaltende Stoff „Thujon" im Gehirn die selben Rezeptoren wie das THC in Cannabis aktiviert. Neue Erkenntnisse rücken den Mythos aber in ein anderes Licht. Forscher haben herausgefunden, dass weniger das Thujon sondern vielmehr die mindere Qualität des Absinths für die Halluzinationen zuständig war.[17]

[17] Benutzen Sie also Ihren Verstand, wenn Ihnen der Dorfschamane das nächste Mal euphorisch von der magischen Wirkung der „Grünen Fee" erzählt.

Wo früher ihre Leber war,
ist heute eine Minibar.

BESOFFEN ODER TOT

In vielen europäischen Ländern wurde bis in die späte Neuzeit Alkohol wie Wasser getrunken. Dies ist auf die Tatsache zurückzuführen, dass es kaum gefiltertes Wasser gab, weshalb die Völker Europas primär auf die deutlich gesünderen Alkoholika wie Bier, Wein und Met zurückgriffen.[13] Außerdem war bereits damals die desinfizierende Wirkung von starkem Alkohol bekannt.[14]

[13] Haben Sie daher Verständnis, wenn Sie - liebe Leserinnen und Leser - in ein noch unerschlossenes, österreichisches Bergdorf kommen, wo Sie von den Einheimischen mit gutturalen Lauten empfangen werden. Diese sprechen mitnichten in fremden Zungen, sondern sind einfach sternhagelvoll.

[14] Es darf als verifiziert erachtet werden, dass sich Christoph Columbus bei seiner Irrfahrt nach Amerika im Dauerrausch befunden hat.

DER HEILIGE-GRAL-COCKTAIL

Die Menschheit kann ins Weltall fliegen, sie kann Atome spalten und Schafe klonen. Aber sie hat es nicht geschafft, ein adäquates Mittel gegen den Kater zu erfinden. Zumindest bis jetzt! Im Buch „Verkatert: Der Morgen danach. Ein Mann auf der Suche nach dem ultimativen Heilmittel" berichtet der kanadische Autor Shaughnessys Bishop-Stall von einer geheimen Formel, die er nach zehnjähriger Recherche gefunden hatte.[18] Der Anti-Kater-Cocktail setze sich demnach aus folgenden (rezeptfreien) Ingredienzien zusammen:

[18] Er stieg dafür in die tiefsten Archive der Bibliotheken, befragte Hangover-Ärzte und Voodoo-Priester. Der Mann wollte es echt wissen!

□ DIE VITAMINE B1, B6
  UND B12
□ MARIENDISTEL
□ N-ACETYLCYSTEIN
□ MAGNESIUM
□ WEIHRAUCH

Der giftig klingende Mix
sollte - wahlweise während des
Alkoholkonsums oder vor dem
Schlafengehen - eingenommen
werden. Wenn Ihnen diese
Medikamentenkeule zu suspekt
klingt, raten wir Ihnen einfach zu
einem Reparaturbier.

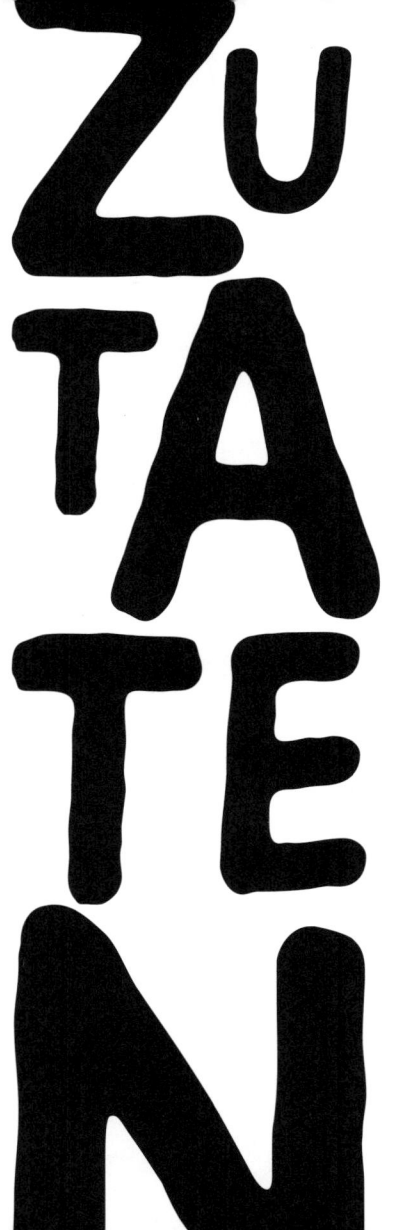

ZUTATEN

DIE GESCHICHTE VOM FASTENBIER

Es war einmal[19] ein Mönchsorden, der sich während der Fastenzeit genussvoll dem sogenannten Fastenbier hingab, obwohl das Volk den Gürtel enger schnallte und die Kirchen von Verzicht sprachen. Zwei junge Novizen, welche gerade neu in den Orden eingetreten waren, brachten das Thema eines Tages nach dem Abendgebet beim Abt der Bastei vor. Der Älteste der Mönche - welcher als geistreich und gesellig galt - versprach sich darum zu kümmern. Also schrieb er dem Papst in Rom einen Brief und bat um eine Entscheidung, ob das Bier ein „der Fastenzeit angemessenes Getränk" sei. Ein paar Wochen später kam die Antwort. Der Papst bat um eine Probe jenes Gebräus, welches in Italien nicht bekannt war. Er werde dann entscheiden.

[19] Natürlich im tiefsten Mittelalter (wir sind schließlich Literaten) - Anm. der Autoren

Die Mönche brauten also ein besonders starkes Bier und ließen es in ein undichtes Eichenfässchen abfüllen. So wurden die beiden jungen Mönche mit der Kostbarkeit auf die lange Reise nach Italien geschickt. Als die beiden Wochen später in Rom ankamen, war das Bier sauer. Der Papst kostete die Scheußlichkeit und verzog den Mund. „Ja", rief er dem Würgereiz nahe, das sei ein durchaus angemessenen Gesöff für die Fastenzeit und schickte die beiden Novizen mit der Nachricht zurück, die Mönchen mögen dieses Gebräu sooft in der Fastenzeit trinken wie sie wollten.

Als die beiden Novizen endlich in der Bastei ankamen, verteilte sich die frohe Kunde des Papstes schnell und seitdem brauen die Mönche besonders starkes Bier während der Fastenzeit - mit dem Segen von oben sozusagen.

KURIOSES

Es gibt katerfreies Bier.[20]

---

[20] Leider wissen wir nicht wo. – Anm. der Autoren

THOSE WERE THE DAYS

THOSE WERE THE DAYS

In den siebziger Jahren gehörte die Rockband Aerosmith zu den angesagtesten Bands überhaupt und füllte die Stadien weltweit. Sänger Steven Taylor war kein Kind von Traurigkeit, was seine Exzesse auf und hinter der Bühne betraf. Einmal - so die Legende - traten Aerosmith spontan bei einem Festival auf, um einen verhinderten Headliner zu ersetzen.

Normalerweise spielten Aerosmith ihren Überhit „Walk this way" immer am Ende ihrer Konzerte. An diesem Abend aber begannen sie mit diesem Song, um die Stimmung im Publikum möglichst rasch aufzuheizen. Der mit Alkohol und Drogen vollgepumpte Steven Taylor gab sein bestes, bedankte sich nach dem Song überschwänglich beim Publikum und verließ - im Glauben, das Konzert wäre zu Ende - triumphierend die Bühne. Erst nach Zureden des Festivalleiters kam der völlig verstrahlte Sangesgott zurück und spielte das Set zu Ende.

„Ein Kind hat mich mal gefragt, „Bist du oft verkatert?"
Ich sagte: „Um verkatert zu sein, muss man aufhören mit Trinken."

Lemmy Kilmister

NEGRONI

DER NEGRONI

Zweifellos ist der Negroni der „Playboy" unter den klassischen Cocktails und hat definitiv einen Platz in diesem Buch verdient. Nicht nur, dass er köstlich und schön zum Ansehen ist, er macht auch schnell betrunken und sollte insbesondere bei Gehaltsverhandlungen getrunken werden (siehe S. 98). Seine Geschichte macht ihn zu etwas Besonderem, wenngleich einige Details umstritten sind.

Der Negroni (bitte nicht mit einem rassistischen Ausdruck verwechseln) geht auf den spielsüchtigen italienischen Grafen Camillo Negroni zurück. Genaue Details zu diesem Herren ersparen wir Ihnen, aber es wird gemunkelt, dass der werte Graf bis zu 20 Cocktails täglich getrunken hat.

Der Lieblingsdrink des Grafen war der Americano. Ein Cocktail, der sich in Italien bis heute großer Beliebtheit erfreut. Der Legende nach war der aus Campari, Wermut und Sodawasser gemixte Drink dem Grafen einfach nicht stark genug.

Also bat der den Barkeeper Fosco Scarselli in seiner Lieblingsbar „Caffé Casoni" um einen „Americano, aber „bitte stark!". Der gewiefte Barkeeper zögerte nicht lange und verwendete Gin statt Sodawasser.

ZUTATEN

- ☐ 1/3 GIN
- ☐ 1/3 CAMPARI
- ☐ 1/3 WERMUT (SÜSS)
- ☐ ORANGENSCHALE
- ☐ EISWÜRFEL

Ein klassisches Cocktailglas zu gleichen Anteilen mit Gin, Campari und süßen Wermut befüllen oder wie es Gary Regan treffend sagte: "Kein Mitglied des Trios dominiert, alle haben etwas zu sagen. Der Negroni ist Demokratie!"[21]

[21] Vielleicht würde die europäische Integration besser funktionieren, wenn unser Politiker mehr Negronis schlürfen würden.

TIPP
FÜR DIE WEIH
NACHTS
ZEIT

TIPP FÜR DIE WEIHNACHTSZEIT

Der britische Fernsehkoch Jamie Oliver empfiehlt den Negroni mit natürlichem Eis (vom Bach) und rosa Pfefferkörnern zu verfeinern. Prost!

Rotnasiger Brutus bei der Arbeit

DIE DOSIS MACHT DAS GIFT

Ein großer Trinker[22] vertraute mir einmal sein Geheimnis an, wie er zum geringsten Preis den größtmöglichen Rausch erzielte. Er kaufe sich im Discounter den billigsten, hochprotzentigsten Fusel - in Österreich unter dem Namen »Stroh 80«[23] bekannt - und schmecke ihn mit Wasser so lange ab, bis er genießbar sei (und seine Speiseröhre nicht mehr verbrannte). Dabei komme es auf das exakte Verhältnis an. »Eine Kunst für sich«, wie er mit leuchtenden Augen erzählte, um das Gesöff einerseits nicht zu schwach, andererseits auch nicht zu stark zu machen und dabei möglichst lange damit auszukommen.

---

[22] Um ehrlich zu sein, war es der rotnasige Dorfsäufer aus meinem Heimatdorf, der für eine Flasche Bier seine eigene Mutter verkauft hätte.

[23] Die Zahl bezieht sich naturgemäß nicht auf den Intelligenzquotienten der Herren Autoren (zusammen versteht sich - Anm der Herausgeber), sondern beziffert den reinen Alkoholgehalt des Getränks.

NEGRONI
SBAGLIATO

NEGRONI SBAGLIATO

Da wir dem „Playboy" Negroni ein Rezept - samt dazugehöriger Geschichte - gewidmet haben, müssen wir auch seinen kleinen, hässlichen Bruder erwähnen.

Aus dem italienischen übersetzt, heißt es nichts anders als „Der falsche Negroni". Der Legende nach, hat ein italienischer Barkeeper beim Versuch einen Negroni herzustellen, versehentlich zur Proseccoflasche gegriffen und den „Falschen Negroni" geschaffen. Ein damals ähnlich großer Fauxpas, wie wenn Sie heute Wiener Schnitzel mit Hühnerfleisch zubereiten.[24]

Dieser ebenfalls hervorragende Drink hat allerdings einen Makel, dem so mancher Cocktailenthusiast nur schwer verzeihen kann: a lack of Gin.

[24] Wie Sie ein original Wiener Schnitzel richtig zubereiten, erfahren Sie in unserem ersten Machwerk „Zum Scheissen reichts - das etwas andere Kochbuch"

- 1/3 ROTER WERMUT
- 1/3 CAMPARI
- 1/3 PROSECCO ODER SCHAUMWEIN
- ORANGENSCHALEN
- EISWÜRFEL

Wie sein Namensbruder besteht der Negroni Sbagliato aus gleichen Teilen und sollte ... ach was, wir gehen davon aus, dass Sie die Rezeptur und Zubereitungsmethode auch im Vollsuff hinbekommen.

ZUTATEN

SWIMMING POOL

SWIMMING POOL

Der Swimming Pool ist ein fancy Drink, der in seiner Erscheinung direkt aus neunziger Jahre Serien wie Acapulco H.E.A.T. oder Baywatch stammen könnte. Seine Farbe erhält der Drink vom Orangenlikör »Blue Curaçao« - die blaue Lebensmittelfarbe soll dabei vor allem exotisch wirken und tropisches Flair in Ihr Wohnzimmer bringen.[25]

[25] Connaisseure stecken sich ein Schirmchen in den Drink und holen ihr Hawaiihemd aus der Schublade.

- ☐ 4 CL WEISSER RUM
- ☐ 2 CL WODKA
- ☐ 1 CL BLUE CURAÇAO ORANGENLIKÖR
- ☐ 2 CL KOKOSCREME
- ☐ 1 CL SÜSSE SAHNE
- ☐ 4 CL ANANASSAFT
- ☐ ZERSTOSSENES EIS
- ☐ COCKTAILKIRSCHE

1. Geben Sie alle Zutaten (bis auf den Curaçao-Likör) in den Shaker und schütteln Sie das Ganze ordentlich durch. Suchen Sie sich das schickste Glas in Ihrer Küche und füllen Sie den Inhalt mit zerstoßenem Eis bis zum Rand voll.

2. Der letzte Schritt besteht darin, den Blue Curaçao darüber zu floaten*. Eine Cocktailkirsche am Glasrand sorgt für eine ästhetische Note.

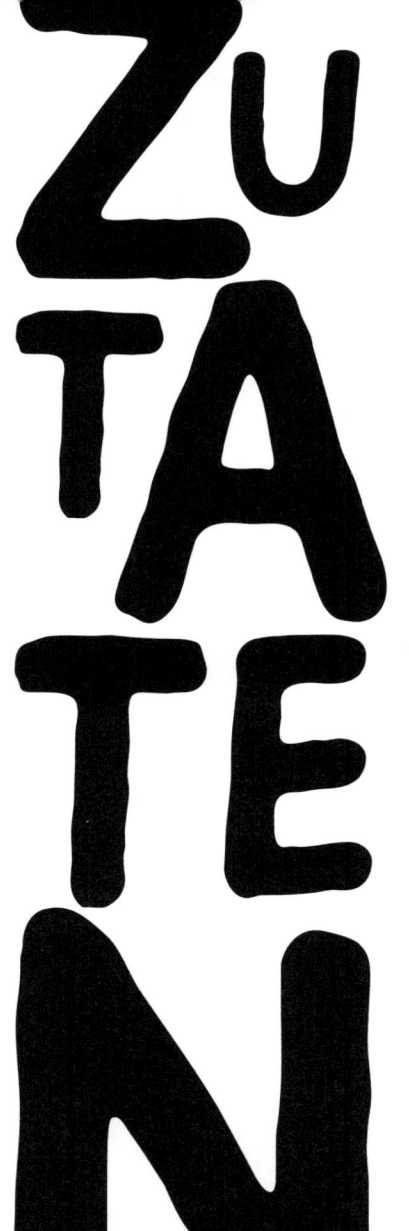

ZUTATEN

47

INSIDERWISSEN*

Der Begriff „floaten" bezeichnet den Vorgang, auf einen bereits bestehenden Cocktail weitere Zutaten (oft Sahne oder Liköre) vorsichtig aufzugießen, ohne dass sich die Zutaten miteinander vermischen.

IN SIDER WIS SEN

DER DIY-COCKTAIL

1. Statten Sie dem Discounter Ihrer Wahl einen Besuch ab und greifen Sie sich alle Spirituosen ab, die im Angebot sind. Achten Sie dabei nicht auf das Ablaufdatum - Hochprozentiges verdirbt nicht!

2. Kippen Sie das Zeugs zu Hause in einem durchaus abenteuerlichen Verhältnis[26] in den Cocktailshaker.

3. Bevor Sie den Cocktail Ihren Freunden präsentieren, überlegen Sie sich einen spektakulären Namen für das Gesöff. Dabei kann der Mädchenname Ihrer Mutter, in Verbindung mit einem derben Adjektiv, ebenso zum Erfolg führen wie exotische Tiere, das obskure Werkzeug aus Ihrem Werkzeugkoffer oder (verletzende) Termini anderer Nationen.

[26] Für die Mathematiker unter Ihnen: Experimentieren Sie ohne Scheu mit algebraischen Formeln wie etwa dem pythagoreischen Lehrsatz, dem Satz des Thales und anderen Logarithmen. Mathematik ist schließlich die Sprache des Universums.

VORSCHLÄGE FÜR GEEIGNETE COCKTAILNAME

Streuner

Abführmittel Sour

Illuminierter Mönch

Fauler Pole[27]

Impotenter Jochen

Frigide Hilde

Lötkolben

[27] Nach dem desaströsen Misserfolg unseres ersten Buches ist nicht davon auszugehen, dass dieses Buch jemals für unsere polnischen Freunde übersetzt wird.

ZOMBIE

DER ZOMBIE

Werden Sie Gastgeber und veranstalten Sie eine Party. Trinken Sie dabei jeden unserer köstlichen Cocktails und sehen Sie am nächsten Morgen in den Spiegel. Et Voilà: ein Zombie.

Natürlich nicht ganz so schön wie unsere Geschichte, aber es gibt auch eine „wahre" Entstehungsgeschichte zum Zombie. Diese geht auf einen amerikanischen Restaurantbesitzer zurück, der seinen verkaterten Freund „aufputschen" wollte. So kann man sich zumindest den hohen Vitamingehalt erklären.

Doch nachdem der Freund des Amerikaners drei davon getrunken hatte und anschließend vom Flughafen zurück nach San Francisco flog, konnte er sich kaum an etwas erinnern. Dafür fühlte er sich die nächsten Tage wie ein Zombie.

Somit war der Name für das neu kreierte Getränk geboren. Um dem „Zombiezustand" zu verhindern, ließ der Erfinder seinen „Signature Drink" auf maximal zwei Stück pro Gast beschränken. Er wusste - wie Paracelsus schon: „Die Dosis macht das Gift."

- 2 CL COINTREAU
- 4 CL WEISSER RUM
- 4 CL DUNKLER RUM
- 2 CL GRENADINE
- 2 CL MARACUJASIRUP
- 4 CL ORANGENSAFT 28
- 2 CL ZITRONENSAFT
- 6 CL ANANASSAFT
- ZERSTOSSENES EIS
- EINE ORANGENSCHEIBE
ZUM DEKORIEREN.

Das Auge isst bekanntlich mit.

Alles mixen und ab damit in den
Magen![28]

[28] Genießen die den Cocktail zu einem guten Zombie-
streifen wie „Planet Terror", „Dawn of the Dead" oder
„Lindenstraße".

„You're Gonna' Need A Bigger Goat!"

MIT 3 PROMILLE GEGEN DEN HAI

Im Film »Der weiße Hai« kommt es auf der »Orca«[29] zu einer legendären Szene, in der sich Kapitän Quint und Wissenschaftler Matt Hooper in einer Art brüderlichen Schwanzvergleich gegenseitig ihre Narben zeigen. Auch der Dreh der Szene war sagenumwoben, da sie für den bühnenerprobten Robert Shaw eine der wenigen Gelegenheiten im Film war, tatsächlich sein Können als Schauspieler zu zeigen. Die Strapazen am Set aber hatten Shaw zugesetzt und so fragte er Regisseur Spielberg, ob er sich vor Drehbeginn einen Drink genehmigen könnte, um seine Nerven zu entspannen. Laut Überlieferung erschien Shaw am nächsten Tag sternhagelvoll (anderen Berichten zufolge musste er ans Set getragen werden) und versemmelte die Szene spektakulär mit zusammenhanglosen Improvisationen und lauten Gebaren. Spielberg ließ die Kamera aus Respekt vor dem Schauspieler mitlaufen. Um drei Uhr morgens schließlich rief Shaw reumütig bei Spielberg an und entschuldigte sich für seinen grauenhaften Auftritt. Am nächsten Tag spielte Shaw die Szene nüchtern und ging mit seiner bahnbrechenden Performance in die Filmgeschichte ein.

[29] Wenn Sie in dieser Fußnote einen unserer gefürchteten Gags erwartet haben, müssen wir Sie leider enttäuschen. »Orca« ist schlicht und ergreifend der Name des Bootes, auf dem die drei Freunde Jagd auf das tödliche Vieh machen.

KURIOSES

Bis zum Jahr 2013 galt Bier in Russland nicht als alkoholisches Getränk. Dazu bedarf es keine weiteren Kommentare, oder?

SEX ON THE BEACH

SEX ON THE BEACH

Besuchen Sie mit Ihrem Geliebten/Ihrer Geliebten den Super-
markt Ihrer Wahl, kaufen Sie dort eine gute Flasche Wein und
verbringen Sie den Abend in trauter Zweisamkeit am Strand.[30]

[30] Sie haben jetzt vermutlich mit der Zubereitung gerechnet! Sie Ferkel! Auf der
nächsten Seite gibts immerhin das Cocktailrezept.

- ☐ 4 CL WODKA
- ☐ 2 CL PFIRSICHSCHNAPS
- ☐ 2 CL ZITRONENSAFT
- ☐ 1 CL GRENADINE
- ☐ 4 CL ORANGENSAFT

Geben Sie alles in den Cocktailshaker und erinnern Sie sich an James Bonds weise Worte: »Geschüttelt, nicht gerührt«. Sie dürfen dabei durchaus die Titelmelodie des Geheimagenten pfeifen.

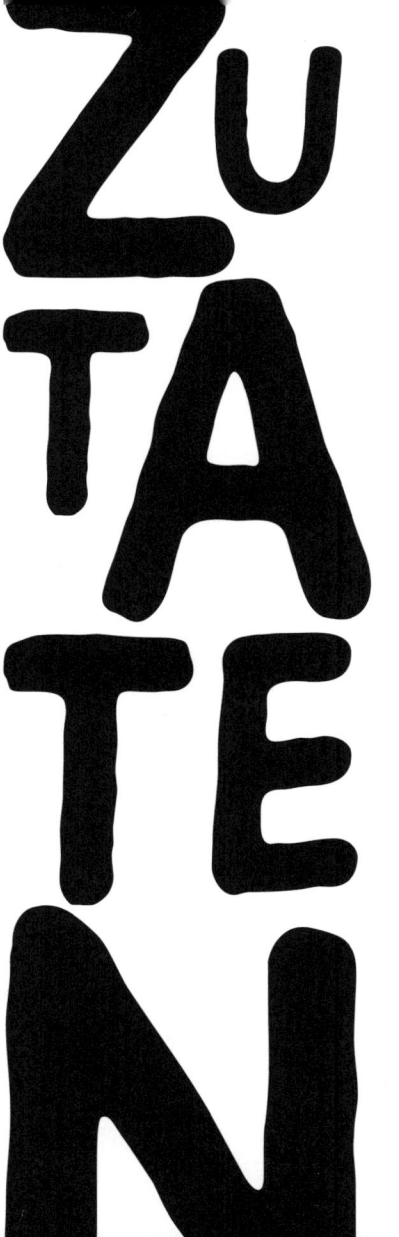

ZUTATEN

KURIOSES

Apropos James Bond: Wussten Sie, dass Forscher der Universität Otago in Neuseeland eine Studie zum Alkoholkonsum des smarten Geheimagenten veröffentlichte? Das Ergebnis war wenig überraschend: Die Universität riet 007 vor seinem nächsten Einsatz dringend zum Entzug.[31]

[31] Falls Sie nun an die Ungerechtigkeit appellieren, dass Mr. Bond trotz starkem Alkoholkonsum Aston Martins fährt, die besten Anzüge trägt und die schönsten Frauen abbekommt, dann möchten wir Sie hiermit auf die unterschiedlichen Talente zwischen Ihnen und 007 hinweisen.

MARTINI

MARTINI

Wenn wir schon bei unserem Lieblingsgeheimagenten 007 sind, dann müssen wir auch seinen präferierten Cocktail erwähnen: den Martini.

Niemand weiß genau, wo der Martini seinen Ursprung hat. Einige behaupten, er sei in einer Bar in Martinez, Kalifornien, erfunden worden. Andere wiederum behaupten, ein italienischer Wermut-Brenner hat den Namen erfunden. Zu seiner Popularität verhalf aber eindeutig das legendäre Cocktailbuch »Savoy Cocktail Book« von Harry Craddock und natürlich Mr. »geschüttelt, nicht gerührt«.

Interessant am Martini ist, dass es ihn in unterschiedlichen Varianten gibt, die angeblich viel über den Charakter eines Menschen aussagen. So greift der reservierte Mensch oft auf extra trockenen Martini zurück, während der Künstler die dreckige Note bevorzugt. Wie die verschiedenen Martinis gemischt werden, erfahren Sie in jedem seriösen Cocktailbuch.*

---

* Also nicht in diesem Buch!

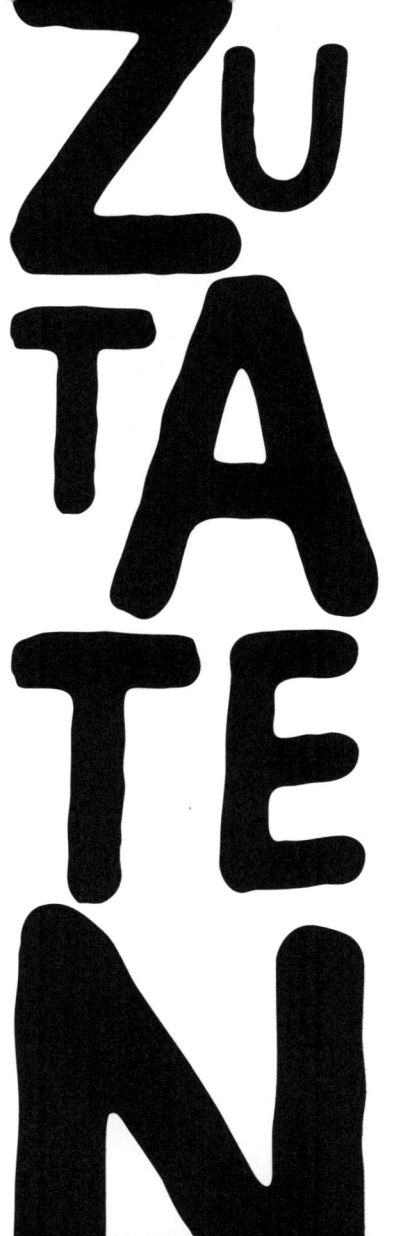

- ☐ 6 CL GIN
- ☐ 1 CL TROCKENER WERMUT[32]

Mischen und aus einem gefrosteten Martiniglas schlürfen! Prost!

[32] Dieses fein abgestimmte Mischverhältnis spiegelt folgenden Charakter wieder: »Schöner und feingeistiger Mensch, der uns gern eine 5-Sterne Bewertung auf Amazon hinterlässt.

VESPER

VESPER

Wie Sie bereits gemerkt haben dürften, sind wir große James Bond Fans. Für diejenigen unter Ihnen, die nicht alle Ian Fleming Werke gelesen bzw. gesehen haben, kommt deshalb eine so traurige wie schöne Geschichte:

In Ian Flemings Roman „Casino Royale" weist 007 einen Barkeeper an: „Drei Teile Gordon's Gin, einen Teil Wodka und einen halben Teil Kina Lillet" zu mischen. „Schütteln Sie es gut, bis es eiskalt ist, und fügen Sie dann eine große, dünne Zitronenschale hinzu." Bond offenbart mit seinem Aufruf für Kina Lillet nicht nur sein Wissen über schöne Aperitifs, sondern erweist sich durch das Aufteilen der Basis zwischen Wodka und Gin (eine Bewegung, die den Cocktail ausbalanciert und die Aromen verstärkt) außerdem als Connaisseur. Bond nennt den Cocktail später Vesper! Zu Ehren jener Frau, der er als einzige sein Herz geöffnet hat und die er - trotz ihres Verrats - sein ganzes Leben lang lieben sollte.[33]

Der „Vesper" ist - ähnlich wie die Femme Fatale, nach der dieser Drink benannt ist - von der Welt verschwunden. Kina Lillet, (bzw. die Quintessenz Quinquina) wurde Ende der 1960er Jahre in der Produktion eingestellt. Damit Sie den Geschmack dennoch erahnen können, hier die Zombieversion.

[33] Erst mit dem Tod Vespers wird 007 zum eiskalten Killer und seine Legende beginnt.

Vesper

* Geschüttelt! Nicht gerührt.

65

ZUTATEN

☐ 4,5 CL GIN

☐ 3 CL WODKA

☐ 1,5 CL COCCHI
   AMERICANO
   (WEINAPERITIF)

Bei der Zubereitung dieses emotional tief aufgeladenen Drinks werden Sie über die Einfachheit erstaunt sein: Alles zusammen in einen Cocktailshaker, schütteln und anschließend servieren. Wie Sie bereits wissen, liegt das Schöne so oft im Einfachen.[34]

[34] Bei dieser Gelegenheit möchten wir Sie gleich darum bitten Notizblock und Stift zur Hand zu nehme. Notieren Sie: Das Schöne liegt im Einfachen! Jetzt kennen Sie das Geheimnis!

WISSENSWERTES

Stellen Sie James Bonds Empfehlung durchaus in Frage!
Anerkannte Barkeeper sagen ganz klar, dass es durch das
Schütteln zu übermäßiger Verdünnung und zu kleinen
Splittern gebrochenen Eises im Getränk kommen kann,
wohingegen das Rühren zu einem samtigen, gut durch-
mischten Getränk führt.

BLOODY MARY

DER FRÜHSTÜCKSCOCKTAIL

AKA „BLOODY MARY"

Ein weiterer Klassiker, der bestimmt vielen unter Ihnen bekannt ist. Aber dieser hier ist etwas Spezielles. Auch wenn der klassische Cocktail angeblich von Fernand Petiot - einem französischen Barmann in Paris - erfunden wurde, gibt es viele unterschiedliche Versionen davon. Kein geringerer als Ernest Hemingway[35] hat diese spezielle Bloody Mary erfunden und benannte seine Schöpfung angeblich nach seiner zweiten Frau Mary Welsh. Wie Sie sich vorstellen können, hielt die Ehe nicht sehr lange.

[35] Liebe Leser, Ernest Hemingway ist eine der Größten unter den Trinkern und darf ruhigen Gewissens öfter in diesem Buch genannt werden.

ZUTATEN [36]

- ☐ 1 LITER RUSSISCHER WODKA
- ☐ 1 FLASCHE TOMATENSAFT
- ☐ 1 FLASCHE WORCESTERSHIRESAUCE
- ☐ 2 LIMETTEN
- ☐ SELLERIE SALZ
- ☐ CAYENNE PFEFFER
- ☐ SCHWARZER PFEFFER
- ☐ EIS

[36] Befolgen Sie zur Zubereitung einfach Hemingways Zitat von Seite 70. Dann kann nichts schiefgehen.

Um einen Krug Bloody Mary (jeder kleine Betrag ist wertlos)
herzustellen, nehmen Sie einen gut bemessenen Krug und
setzen ihn in einen Eisklumpen,
der so groß ist wie er hält.[37]

Ernest Hemingway

---

[37] Original-Übersetzung von Hemingway himself. Ob der große Erzähler bei der
Niederschrift betrunken gewesen ist, wissen wir nicht. Wir gehen aber stark davon
aus.

THE VIRGIN

Beim „Virgin" haben wir uns für Sie etwas ganz Besonderes überlegt. Cocktails haben bekanntlich viel mit Stil und Selbstdarstellung zu tun. Oder wie erklären Sie sich, dass ein Großteil der Mischgetränke in besonders auffälligen Gläsern serviert wird und die absonderlichsten Namen trägt? Bringen Sie ein bisschen Stil und Eleganz in Ihr ödes Leben.

Damit Sie bei Ihrem nächsten Flirt angeben können, wie viele Cocktails Sie mixen können, stellen Sie einfach ein kleines Wörtchen davor und der Vielfalt sind keine Grenzen mehr gesetzt. Ein „Virgin Cocktail" ist nichts anderes als ein Mischgetränk ohne Alkohol.

TIPP

Bestellen Sie bei Ihrem Treffen bei den anonymen Alkoholiker einfach einen „Virgin Rum & Cock" oder einen „Virgin Screwdriver". Man wird Sie anbeten.

ZUTATEN

Sollten Sie hierfür wirklich ein Rezept brauchen, dann müssen wir Sie leider enttäuschen. Hier aber ein paar Ideen für elegante „Virgins":

☐ VIRGIN SCREWDRIVER

☐ VIRGIN CUBA LIBRE

☐ IHR SPIEGELBILD

☐ VIRGIN SCOTCH & SODA

☐ VIRGIN BELLINI

☐ VIRGIN WODKASHOT
(DER GESÜNDESTE VON
ALLEN)

☐ VIRGIN MOJITO

☐ VIRGIN GIN TONIC

Brutus nach dem fünften „Virgin mit Schuss"

73

SANGRÍA

SANGRÍA

Ein vor allem in Spanien und Portugal beliebtes Mischgetränk, dass bei Partys gerne aus riesigen Eimern getrunken wird. Seine Erwähnung in diesem Buch verdankt die Sangría aber nicht ihrer etymologisch spannenden Herkunft (Sangria bedeutet übersetzt so viel wie »Aderlass«), sondern ihrer Erscheinung, die daran erinnert, als habe ein sternhagelvoller und veganer Elefant durch seinen Rüssel[38] in einen Eimer gekotzt.
Der geübte Mallorca Urlauber schlürft die süße Plörre traditionellerweise aus langen Strohhalmen, während er zu grenzdebilen Schlagerrhythmen selig ins Koma gleitet.

[38] Dieses Detail ist durchaus wichtig, um sich das Ganze bildlich vorzustellen.

- ☐ 1,5 L KRÄFTIGER ROTWEIN
- ☐ 25 CL ORANGENLIKÖR
- ☐ 10 CL WEINBRAND
- ☐ 15 UNBEHANDELTE ORANGEN
- ☐ 5 UNBEHANDELTE ZITRONEN
- ☐ 5 UNBEHANDELTE LIMETTEN
- ☐ MINZE
- ☐ ZUCKER
- ☐ EISWÜRFEL

1. Die Orangen, Zitronen und Limetten waschen und in Scheiben schneiden. Mit etwas Zucker bestreuen und mit Orangenlikör und Weinbrand beträufeln. Etwa 30 Minuten in einer bauchigen Glaskaraffe ziehen lassen.

2. Anschließend die Früchte mit dem Rotwein auffüllen und zum Servieren etwas Minze sowie Eiswürfel ins Glas geben.

KURIOSES

Dass man aus Scheiße Gold machen kann, weiß Tony Conigliaro nur zu gut. Der britische Bartender veredelt seine Cocktails unter anderem mit einer Prise „Indol", jenem chemischen Aroma, das vom Geruch her frappierend an Fäkalien, Schweinefett und vergammeltes Fleisch erinnert. „Behutsam dosiert", so der Cocktail Visionär, „sorge das Odeur aber für die besondere „animalische" Note in seinen Drinks." Na dann, Prost!

Suchbild:
Finden Sie das versteckte „Indol" auf diesem Bild

MARGARITA

Die »Margarita« gehört zu beliebtesten Cocktails der Welt und wird in New Yorks fancy Bars ebenso serviert wie im »Rosis Swingerklub« in Kleinschwaben. Die Geschichte zur Margarita ist langweiliger als das Sexualleben von Berti Vogts, weshalb wir Ihnen an dieser Stelle einfach die Geheimzutat einer »perfekten« Margarita verraten: »Agavennektar« - er verleiht der Margarita eine vollmundige Konsistenz, ohne den Geschmack des Tequila zu übertünchen.

- ☐ 4 CL TEQUILA
- ☐ 2 CL FRISCHER LIMETTENSAFT
- ☐ 2 CL AGAVENNEKTAR
- ☐ EISWÜRFEL
- ☐ MEERSALZ

1. Waschen Sie den Shaker zur Abwechslung einmal gründlich aus. Alles sauber? Gut. Und nun die Ingredienzien in das gute Ding!

2. Rimmen* Sie ein Cocktailglas in Meersalz und befüllen Sie es bis knapp unter den Rand mit der kaltgestellten Margarita.

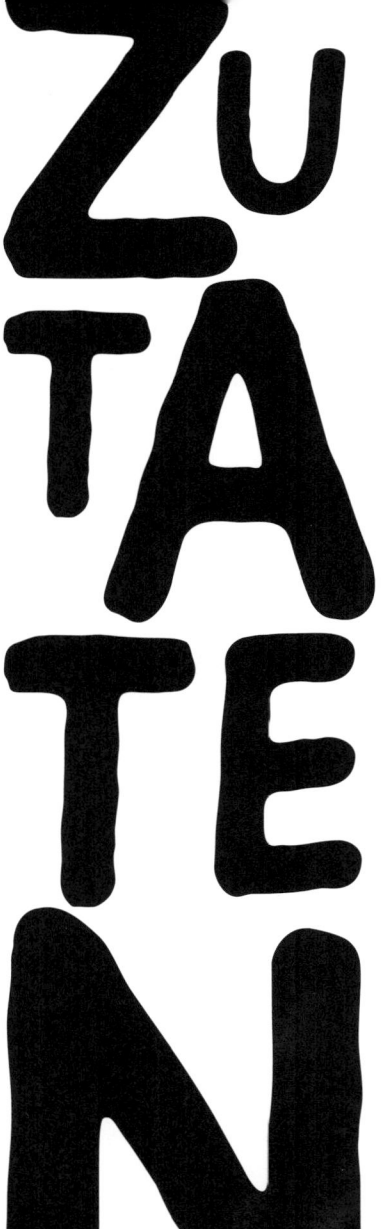
ZUTATEN

INSIDERWISSEN*

„Rimming" nennt man das Überziehen des Glasrands mit Zucker oder Salz. Experten streuen dazu Salz/Zucker in eine Untertasse und drehen vorsichtig die in Limettensaft angefeuchtete Glaskante.

INSIDER WISSEN

KURIOSES

Im Jahr 2005 wurde im schwedischen Malmö ein Seniorenheim von einem Rudel besoffener Elche heimgesucht. Einwohner berichteten, die Tiere hätten vergorenes Obst gefressen und schon kurze Zeit später begonnen obszöne Laute von sich zu geben und die Stadt zu terrorisieren. Erst mit Hilfe der lokalen Polizei konnten die verwirrten Paarhufer vertrieben werden. Und was lernen wir aus dieser Geschichte? Im betrunkenen Zustand haben Tiere einiges mit Menschen gemeinsam.

TRINKEN IM TIERREICH

Auch im Tierreich siegt zuweilen der Genuss über das pure Überleben. Forscher gehen davon aus, dass höher entwickelte Tiere[39] ein größeres Suchtverhalten entwickeln, weil sie es sich leisten können, nicht immer auf Feinde achten zu müssen. So hat man Affenarten beobachtet, die sich ausgiebig dem Suff hingeben und literweise vergorenen Palmensaft schlürfen, indischen Elefanten wird eine Vorliebe zu Bier nachgesagt und im Internet findet man ein Video, in dem Delfine einen Kugelfisch wie eine Joint herumreichen, um sich an dem Nervengift des Fisches zu berauschen. Dennoch: Wir verweisen in diesem Bezug gerne auf eine gesicherte Tatsache: Kein Lebewesen kann es in Sachen »Saufen« mit dem Homo Sapiens aufnehmen![40]

[39] Allein die Existenz der beiden Autoren widerspricht dieser These gewaltig. - Anm. von Brutus

[40] Ins Reich der Legenden gehört jedoch jene Geschichte eines österreichischen Fischers, der in seinem Teich Fische züchtet, die weder Süß- noch Salzwasser brauchen, sondern in einem Teich voller Bier überleben.

Hier sehen Sie Brutus
nach einem seiner typischen Wochenenden

WHITE RUSSIAN

WHITE RUSSIAN

Der „White Russian" ist Kinofans natürlich längst aus dem Kultfilm „The Big Lebowksi" bekannt, wo ihn der „Dude" mit Vorliebe im Bademantel schlürft. Der Film sorgte für eine Renaissance des White Russians, der durch seine cremige Konsistenz auch zu den Nachtisch-Drinks gezählt werden kann.[41]

Die Coen-Brüder ließen sich bei der Entwicklung der Figur des „Dude" von Ilja Iljitsch Oblomow inspirieren. Der vom russischen Schriftsteller Iwan A. Gontscharows geschaffene Charakter steht für Tagträumerei, Trägheit und die Idee des „überflüssigen Menschen" - also exakt jene Charaktereigenschaften, die Schauspieler Jeff Bridges so genial als „Dude" verkörpert.

Sollten Sie nach einem Cocktail suchen, der Ihrer Neigung zum eigenbrötlerischen Sonderling entspricht, ist der White Russian sicher die perfekte Wahl - sozusagen der Antiheld unter den Cocktails!

[41] Sie müssen also nie wieder ein schlechtes Gewissen haben, wenn Sie sich ein kleines Dessert genehmigen.

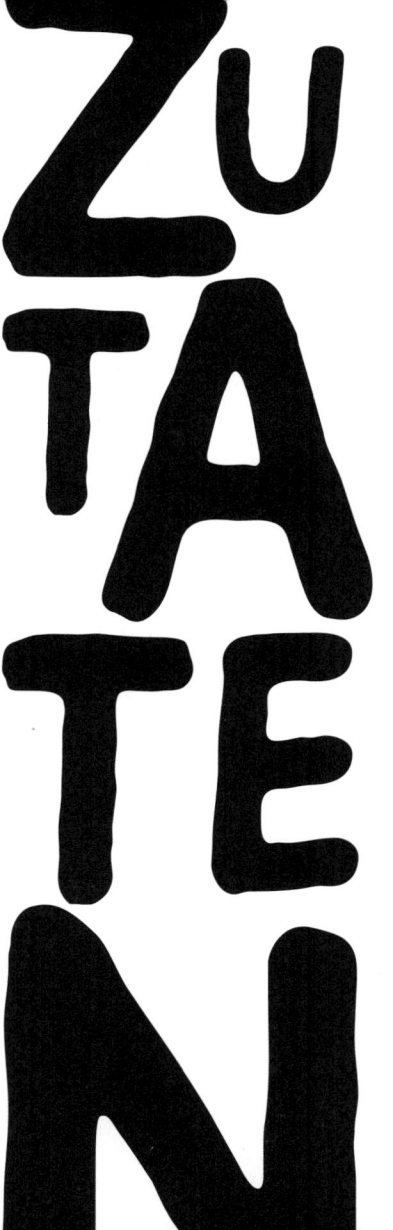

- ☐ 6 CL WODKA
- ☐ 3 CL KAFFEELIKÖR
- ☐ 3 CL HALBGESCHLAGENE SAHNE
- ☐ RIESENEISWÜRFEL

1. Geben Sie den Wodka und den Kaffeelikör in ein dickbauchiges Glas und fügen Sie einen einzigen, großen Eiswürfeln dazu. Dieser sorgt im Gegensatz zu kleineren Eiswürfeln dafür, dass sich der Russe nicht zu schnell mit Wasser verdünnt.

2. Die Sahne halbsteif schlagen und über den Rücken eines Löffels ins Glas „floaten" lassen. Prost!

KURIOSES AUS DER FILMWELT

Die Filmwelt ist voller verlorener Seelen, die ihr Glück in übermäßigem Alkoholkonsum suchen. Denken wir an Nicolas Cage als gescheiterte Existenz in „Leaving Las Vegas", dessen letzter Lebenswunsch es ist, sich in Las Vegas zu Tode zu saufen. Oder Daniel-Day Lewis, der sich in „There will be blood" auf sein imposantes Anwesen zurückzieht, um auf seiner Bowlingbahn dem Suff zu frönen. Unerreicht ist die bahnbrechende Performance von Marie Bäumer als leidgeplagte Romy Schneider in „3 Tage in Quiberon": nur selten war der Suff poetischer eingefangen als in diesem Schwarz-Weiß-Film.*

* Wo bleibt der Gag, Herrschaften?** - Anm. von Brutus

** Der Gag ist in der Frisur von Nicolas Cage versteckt - Anm. der beiden Autoren

Finden Sie den Haaransatz von Nicolas Cage!

„Meine Definition von Glück?
Keine Termine und leicht einen sitzen."

Harald Juhnke

DER BÖSE ALKOHOL

Sollten sie zur Gattung der 68er Bewegung[42] gehören, kennen sie wahrscheinlich „Grateful Dead", deren Lieder als Hymnen für jeden ernst zu nehmenden Hippie gelten. Die treuesten Fans der Band - zu denen übrigens der ehemalige englische Premierminister Tony Blair sowie Bill Clinton zählen - nennen sich liebvoll Deadheads. Die ungewaschene und kultisch verehrte amerikanische Band tourte in den siebziger Jahren quer durch die Weltgeschichte und brachte ihre Message von „Love & Peace" unter das Volk. Ihre ausufernden, an Jamsessions erinnernden Konzerte galten als legendäre Ereignisse. Nicht selten ballerte sich die Band vor, während und nach dem Auftritt psychedelische Substanzen in Riesenmengen in die Großhirnrinde, wodurch ein 3-Minuten-Song schon mal zu einem 30 Minuten-Epos anschwellen konnte. Mit dem Einzug von hippiefremden Drogen - wie Kokain, Heroin und vor allem König Alkohol - in den achtziger Jahren erstarb das Improvisationsgenie der Zauselköpfe und ihr Zauber verflog. Der Mainstreampop der achtziger Jahre stand in den Startlöchern und ebnete den Weg für Kuschelbarden der Marke „Phil Collins".

---

[42] Meist alternativ orientierte Männer mit Pferdeschwanz und Hang zur Langhaarfrisur.

ZIRBENSCHNAPS

Der Zirbenschnaps erfreut sich vor allem im Alpenbereich hoher
Beliebtheit. Zirbenbäume wachsen erst ab einer Höhe von 1300 Me-
tern, oft abseits der ausgetretenen Wanderwege und blühen erst
in einem Alter von 50 Jahren (und dann nur alle 6-8 Jahre). Stadt-
bewohnern raten wir deshalb, sich den Schnaps über das Internet
zu bestellen.
Der Alpinist aber erklimmt den Zirbenbaum, denn er weiß: die
leckersten und reifsten Zapfen wachsen gerne ganz oben in der
Baumkrone. Die beste Zeit für die Zapfen ist zwischen Juni und
Juli, wenn sie eine rote bis violette Färbung annehmen. Aber Ach-
tung: Das Sammeln von großen Mengen der Zirbenzapfen ist straf-
bar und wird in manch österreichischem Bergdorf mit sieben Peit-
schenhieben honoriert.

- 3 - 4 ZIRBEN
- KORN (ODER
  EIN ANDERER
  GESCHMACKLOSER
  SCHNAPS)
- KANDISZUCKER

1. Zirben aufschneiden (verwenden Sie Handschuhe) und in ein Einweckglas geben. Anschließend gießen Sie den Korn hinein und schmecken das Gebräu mit dem Kandiszucker ab.

2. 10-14 Tage in die Sonne stellen (z.B. Fensterbank). Anschließend in ein Tuch absieben[43] und in Gläser abfüllen oder sofort saufen.

[43] Wackere Naturen sieben den Schnaps durch ihr ver-schwitztes T-Shirt (von der Bergwanderung) ab. Das sorgt für eine nuanciert salzige Note im Schnaps.

ZUTATEN

SELIG SIND DIE BETRUNKENEN

Der Film „Grabbers" von Jon Wright erzählt die Geschichte einer feindlichen Alieninvasion, die in einem beschaulichen irischen Küstenort für Angst und Schrecken sorgt und die Einwohner auf grausame Art und Weise dezimiert. Die Lage scheint ausweglos, bis der Dorfpolizist herausfindet, dass die blutsaugenden Kreaturen allergisch auf einen hohen Alkoholwert im Blut reagieren. Schon bald beginnen die Einwohner, sich kollektiv zu besaufen und der Invasion die Stirn zu bieten.[44]

[44] Böse Zungen behaupten, dass beim Casting weniger das Talent, als vielmehr die Trinkfestigkeit der Schauspieler ausschlaggebend für die Rolle war.

SCHLUMMER TRANK

DER SCHLUMMERTRANK

Der Film „Clockwork Orange" hat eine der verstörendsten Anfänge der Filmgeschichte. Wir sehen den Protagonisten Alex in Nahaufnahme; mit jenem bohrend, verstörenden und für Regisseur Stanley Kubrick so charakteristischen Blick, den wir auch bei den Protagonisten in „Shining" und „Full Metal Jacket" finden.

Zu den (ebenfalls verstörenden) Klängen „Music for the Funeral of Queen Mary" fährt die Kamera zurück und offenbart drei weitere Personen. Die „Droogs" sitzen mit versteinerten Mienen in der „Korova Milchbar" und trinken Milch-Plus, einen mit Amphetaminen angereicherten Milchshake - wie immer, wenn sie „Bock auf ein paar Ultrabrutale" hatten!

Für dieses Buch haben wir uns einen ähnlichen Drink für Sie ausgedacht. Einen, der Sie aber nicht direkt ins nächste Gefängnis oder in die Psychiatrie bringt.

■ MILCH

■ HONIG

1. Erwärmen Sie eine Tasse Milch und rühren Sie zwei Esslöffel Bienenhonig ein.

2. Kuscheln Sie sich mit einer Decke vor den Fernseher und schauen Sie sich statt Kubricks Oeuvre etwas harmloses wie „Kindsköpfe" oder „Zahnfee auf Bewährung" an.

ZUTATEN

97

KURIOSES

KURIOSES

Die alten Perser waren ein weises Volk. Sie diskutierten über Probleme stets zweimal. Einmal nüchtern und einmal besäuselt. Kamen sie in beiden Geisteszuständen zu demselben Ergebnis, wussten sie, dass sie richtig lagen.[45]

[45] Nehmen Sie sich ein Beispiel an den alten Persern und laden Sie ihren Chef vor der nächsten Gehaltsverhandlung zu ein paar Drinks ein. Das erhöht Ihre pekuniäre Chance erheblich.

99

KURIOSES

Nicolas Cages Filmfrisuren
Schnabeltiere[46]
Österreichischer Fußball[47]

[46] Der Beweis, dass die Evolution Humor hat.

[47] Geben Sie auf YouTube folgende Stichworte ein: Anton Pfeffer, Spanien, Interview. Viel Spaß!

„Im Training hab ich mal die Alkoholiker meiner Mannschaft
gegen die Antialkoholiker spielen lassen.
Die Alkoholiker gewannen 7:1. Da war's mir wurscht.
Da hab i g'sagt: Sauft's weiter!"

Max Merkel (österr. Fußballtrainer)

COLA ROT

Auf jeder klassischen Studentenfete ist Cola Rot Pflicht. Wobei sich die »Beliebtheit« eher auf das mittellose Studentendasein, als auf den Geschmack zurückführen lässt.

In meiner mittellosen Studentenzeit fanden sich glücklicherweise ein paar Jugendliche aus betuchtem Hause wieder. Da billige Studentenbuden unattraktiv waren, wurden größere Parties in den Häusern der Eltern abgehalten. Es war eine schöne, lustige und trinkfreudige Zeit, die besonders der Großzügigkeit einiger Individuen zu verdanken ist.[48]

Doch auch dem großzügigsten Gastgeber geht irgendwann der Alkohol aus. So geschehen im Jahr 2012: Alkohol leer und keinen Cent in den Taschen. Was nun? Schnell hatte man sich geeinigt: Wir mussten in den elterlichen Weinkeller des Gastgebers einbrechen!

---

[48] Solltet Ihr, liebe Kommilitonen, dieses Buch lesen, dann bitte ich Euch recht herzlich dieses gleich mehrfach zu kaufen. Die Autoren sind nach wie vor mittellos und laden Euch aus den extra Buchverkäufen gerne auf ein Glas kaltes Leitungswasser ein.

COLA ROT

Die Beute war vorzüglich: Rotweine unterschiedlichster Rottöne (mehr vermochte man damals nicht zu beurteilen). Mit mehreren dutzend Flaschen verpassten wir unserem Suff eine elegante Note.

Vielleicht mag dies ein Vorurteil sein, doch junge Menschen trinken meiner Erfahrung nach nur ungern Rotwein. Also beschlossen wir, ihn mit einem beliebten Softdrink zu ergänzen. Die Party war gerettet und wir konnten noch etliche Stunden feiern. Bis schließlich der Filmriss einsetzte.

Das »Besondere« von Cola Rot wurde erst am nächsten Morgen offenbart, als die kreideweißen Eltern des Gastgebers vor uns standen. Jede der »Rettungsflaschen« war mehrere 100 Euro wert.[49]

[49] Cola Rot war deshalb wohl der teuerste »Cocktail«, den der Herr Autor je getrunken hat. - Anm der Herausgeber

ZUTATEN

□ ROTWEIN

□ COLA

Füllen Sie ein beliebiges Glas etwa 3/4 voll mit Rotwein und gießen Sie anschließend die gewählte Cola darauf. Für die feine Note empfehlen wir eine Orangenscheibe und ein paar Eiswürfel.

KURIOSES

Der teuerste Wein, der je verkauft wurde, war ein guter Tropfen Château Cheval Blanc (Jahrgang 1947) für stattliche 304.000 US-Dollar. Sollte sich ein ähnlich exquisiter Tropfen in ihrem Besitz befinden, dann raten wir dringlichst vom Spritzen[50] ab.

[50] Spritzen = Ausdruck für „verdünnen", der vorrangig in der Alpenrepublik Österreich genutzt wird.

DER „WEISE SPRITZER"

In einigen Teilen Europas bereits bestens bekannt, in anderen absolut nicht: der Spritzer.[51] Die Idee hinter diesem Cocktail ist eigentlich vollkommen simpel: Man mische Wasser mit Wein. Dahinter aber steckt eine unterhaltsame Geschichte.

In Italien, dem Ursprungsland dieses Getränkes, wurde anfangs Prosecco mit Mineralwasser gemischt. In Österreich, einem Land mit anderer Trinkkultur, fand dieses Getränk schnell Einzug. Anstatt Prosecco wurde hier Weißwein verwendet. Der »Exportschlager« fand in vielen europäischen Ländern Anschluss und wurde zu einem kultigen Sommergetränk, das neben einem wunderbaren Rausch auch für eine konstante Hydration sorgt - sozusagen das Anti-Kopfweh-Saufgetränk.

Doch wie kam das Volk der Alpenrepublik dazu, Weißwein mit Mineralwasser zu vermengen? Wer Bekanntschaft mit einem »Grünen Veltliner« - in vielen Wiener Absteigen auch als »A viertl Hauswein« bekannt - macht, nimmt zwei Erkenntnisse mit: Erstens, dass der grüne Sud einfach abscheulich schmeckt und Zweitens, dass die Kopfschmerzen am Folgetag nur durch den Drang übertroffen werden, den Gastwirt für dieses Geschmacksverbrechen in die hintere Mongolei zu verbannen.

Also die Lösung? Einfach Wasser drauf. Wie sagen die Franzosen so schön: »Das Leben ist zu kurz, um schlechten Wein zu trinken«.

Warum heißt der Drink nun »weiser« Spritzer und nicht »weißer« Spritzer. Ein Tippfehler? Eine falsche Fährte? Mitnichten! Weißweintrinker gelten - laut einer seriösen Studie[52] - als außerordentlich intelligent, kultiviert und den feinen Künsten zugetan.

---

[51] In deutschen Regionen trägt dieses vorzügliche Getränk den Namen »Schorle«. Warum auch immer!

[52] Die wir selbstverständlich auf eigene Faust durchgeführt haben.

WIR
EMPFEHLEN
DAZU

Das Lied „Bello e Impossibile" von Gianna Nannini für ein authentisches Italien Gefühl.

SAUFEN IN DER LITERATUR

Das Trinken hat in der Literatur seit jeher Tradition und ist oft eng mit der Biografie seiner Schriftsteller verbunden. Jack London tat es, weil es „die Würmer des Verstandes aufwühlt, verhängnisvolle Wahrheiten einflüstert und Purpur über die Monotonie des Alltags wirft." Wolfgang von Goethe hingegen war ein Genusstrinker. Er zechte regelmäßig und reichlich, um das Schöne in der Sprache aufzustöbern - „aus großen, bauchigen Flaschen" wie es heißt. Ernest Hemingway trank, um die entsetzlichen Erinnerungen an den spanischen Bürgerkrieg zu vergessen, während Jack Kerouac gegen eine große mystische Traurigkeit ansoff. Charles Bukowski war ein elender Säufer, der seine Nachmittage gern auf der Rennbahn verbrachte. Aber wenn er sternhagelvoll war, schrieb er wie ein Engel. Der französische Dichter Verlaine hingegen schoss im Absinthrausch auf seinen Freund Arthur Rimbaud und bis heute streiten sich Literaturexperten, ob man Dylan Thomas' Gedichte als Werke eines Genies bezeichnen soll oder als prätentiöses Geschwätz.[53]

---

[53] Diese Frage stellt sich bei uns sicherlich nicht. - Anm. der Autoren

„Die chemische Analyse
der sogenannten dichterischen Inspiration
ergibt neunundneunzig Prozent Whisky
und einen Prozent Schweiß."

William Faulkner

SCREW DRIVER

SCREWDRIVER

Nein, damit ist nicht das gemeingefährliche Ding in Ihrer Werkzeugkiste gemeint, dass Sie einmal im Jahr hervorkramen, um die quietschende Haustür zu reparieren.
Der Cocktail mit Namen „Screwdriver" ist genau so simpel wie genial und Sie haben ihn bestimmt schon einmal ohne Ihr Wissen getrunken. In weniger kultivierten Kreisen ist dieser Klassiker als „Wodka-Orange" bekannt und wird in Kneipen und Kantinen gerne aus den billigsten Zutaten gemischt. Dabei lässt sich dieser Cocktail erst mit hochwertigen Zutaten so richtig genießen.
Also kaufen Sie hierfür hochwertige Ingredienzen. Ihr zukünftiges Ich wird es Ihnen danken.

- ☐ 5 CL WODKA
- ☐ 10 CL ORANGENSAFT
  (OPTIMALER WEISE
  FRISCH GEPRESST DAMIT
  AUCH EIN PAAR VITAMINE
  IN IHREN MARODEN
  KÖRPER GELANGEN)[54]

Kombinieren Sie die beiden Zutaten in einem langen, schlanken Glas und ergänzen Sie Ihren Drink um einen Eiswürfel.

[54] Nach dieser Offenbarung können Sie das Buch ruhigen Gewissens Ihren Freunden aus der Yogarunde empfehlen.

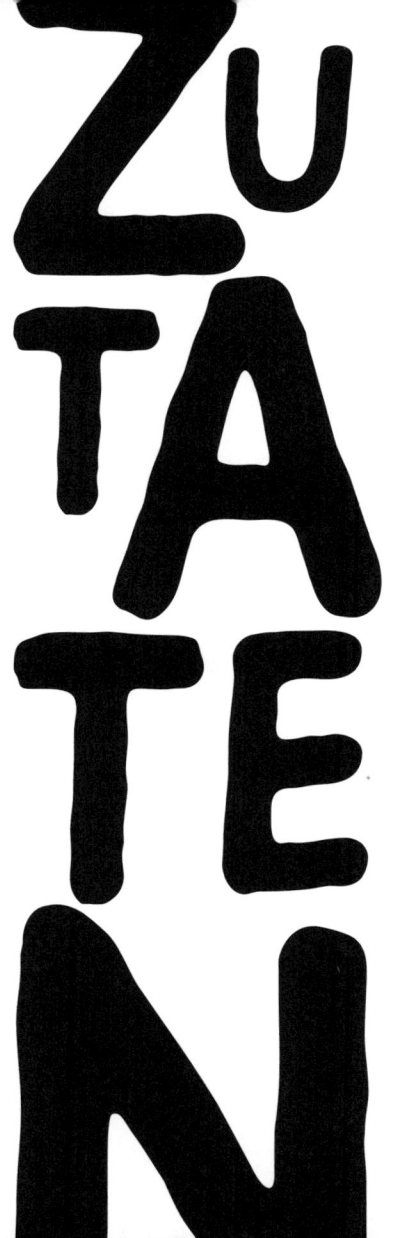

ZUTATEN

HARVEY
WALLBANGER

HARVEY WALLBANGER

Geschmacklich kein sonderlich guter Cocktail, doch er kommt mit einer schönen und emotionalen Geschichte.

In den wilden siebziger Jahren des letzten Jahrhunderts trug sich ein junger Mann namens Harvey in einen Surfwettbewerb in Manhattan Beach ein. Was zwischen dem Eintragen und dem Ergebnis alles passierte, ist nicht überliefert, aber bei jungen langhaarigen Surfern in Kalifornien, zur Zeit der freien Liebe und Experimentierfreudigkeit, können Sie gerne Ihrer Fantasie freien Lauf lassen. Vermutlich kommen Sie zu einem ähnlichen Schluss wie wir.

Der junge Mann verschlief den Surfwettbewerb und wurde disqualifiziert. Aus Frust über die vertane Chance lief Harvey in die nächstbeste Bar und hämmerte seinen Kopf gegen den Tresen. Dabei murmelte er etwas vor sich hin. Bis heute ist der Inhalt seiner Selbstgespräche unbekannt, aber ihm zu Ehren bekam der Cocktail seinen Namen: Harvey Wallbanger.[55]

---

[55] Wall = Wand; Bang(er) = Schlag. Wenn Sie diese erklärende Fußnote wirklich gelesen haben, offenbart das entweder, dass Sie im Englischunterricht nicht aufgepasst haben oder - und das ist um ein vielfaches schlimmer - dass Sie unsere Gags tatsächlich lustig finden. Letzteres offenbart Ihren schlechten Geschmack.

ZUTATEN

- 4,5 CL WODKA
- 3 CL ORANGENSAFT
- 1,5 CL GALLIANO (ITALIENISCHER LIKÖR)
- EISWÜRFEL
- ORANGENSCHEIBE UND COCKTAILKIRSCHE ZUM GARNIEREN

Wie immer alles zusammen in den Cocktailshaker, schütteln und ab ins Glas. Authentische Trinkernaturen lassen es sich nicht nehmen, ihren Kopf im Takt eines hippen Surferliedes[56] ordentlich gegen die Wand zu hämmern.

[56] Wir empfehlen selbstverständlich „Surfin' U.S.A." von den Beach Boys.

KURIOSES

Die Angst vor leeren Gläsern nennt sich Cenosillica-
phobie.[57]

---

[57] Präventiv sollten Sie stets einen vollen Kasten Bier in Ihrem Kühlschrank
lagern.

BERLINER

DER „BERLINER"

Leider fiel uns kein besserer Name für dieses Getränk ein. Da aber eine Vielzahl der Berliner diese Scheußlichkeit trinkt, war die Wahl letztlich einfach.
Als ich noch in Berlin lebte, kam es zu mehreren recht eigenartigen Erlebnissen. Dabei war es weniger die legendäre Clubszene in Berlin, als vielmehr manche Homeparty, zu der die Gäste ihr eigenes Gesöff mitbrachten. Die Amerikaner sagen dazu selbstbewusst »BYOB"-Parties - Bring your own beer!"
Der typische Berliner Partygast fand die Alternative zum Bier in großen Pullen Jägermeister - oft bereits pisswarm und zur Hälfte geleert (Stichwort Wegsuff), die er dem Gastgeber grinsend entgegenstreckte. Doch entgegen jeder sinnigen Annahme, man würde diesen pur trinken, wurde er gemischt - mit Fanta. Sollten Sie ein Mensch mit gutem Geschmack sein[58], reißen Sie die Seiten dieses Cocktails augenblicklich aus diesem Buch.

[58] ... und das haben Sie mit dem Kauf dieses Buch durchaus bewiesen.

- ☐ JÄGERMEISTER
- ☐ FANTA

Die Autoren haben beschlossen keine nähere Auskunft zur Zubereitung dieses Getränks zu geben. Kaufen Sie einfach mehrere Flaschen der jeweiligen Ingredienzen und probieren Sie es aus. Alternativ können Sie aber auch ein Zebra streicheln oder über die Entstehung der Arten sinnieren.

ZUTATEN

WODKA MATE

WODKA MATE

Um unsere Berliner Freunde nicht gänzlich zu verärgern, haben
wir auch ein wunderbares PR-Stunt-Getränk in dieses Buch ge-
packt. Wenn wir schon von Berlin reden, dann darf dieser Hipster-
Alptraum selbstverständlich nicht fehlen. Optimalerweise lässt
sich dieser „Cocktail" noch mit ein paar Gojibären, Sojasprossen
und Avocadoextrakt aufwerten. Hierbei heißt die Devise: Je exoti-
scher die Ingredienzien, desto hipper Ihr Umfeld.

- **WODKA**
- **CLUB MATE**

1. Besorgen Sie sich eine Flasche Wodka stilecht beim Späti[59] und nehmen Sie einen kräftigen Schluck.

2. Nun gießen Sie den Rest der Flasche mit Club Mate auf. Schütteln Sie das Gebräu und nehmen Sie einen weiteren Schluck, bis der Man Bun[60] senkrecht nach unten zeigt. Sie dürfen sich jetzt wie ein Hipster fühlen.

[59] Also warm und überteuert!
[60] Samuraiartiger Hochsteck-Dutt auf zottigen Hipsterköpfen.

ZUTATEN

121

EIN HERZLICHES CHEERIO AN ALLE,
DIE UNS UNTERSTÜTZT HABEN!

Danke an alle, die mir uns gefeiert, gelacht und in unseren Armen geweint[61] haben. Außerdem danken wir einmal mehr Nicolas Cage, der für die besten Gags in unseren Büchern verantwortlich ist.

---

[61] Als sie erfahren haben, dass wir ein weiteres Buch schreiben!

ZUM SCHEISSEN REICHTS
DAS ETWAS ANDERE KOCHBUCH

Das frechste Buch des Jahres! Mit schmackhaften Rezepten, witzigen Anekdoten, popkulturellen Reminiszenzen und einer doppelten Portion Sarkasmus bieten die beiden Autoren eine freche und charmante Alternative zum gewöhnlichen Kochbuch. Probieren Sie es aus! ISBN: 978-3947738830

ZUM VÖGELN REICHTS

DER ETWAS ANDERE DATING-GUIDE

Das frechste Dating-Buch des Jahres! Mit jeder Menge Tipps, witzigen Anekdoten, popkulturellen Reminiszenzen und einer doppelten Portion Sarkasmus bieten die beiden Autoren eine freche und charmante Alternative zum gewöhnlichen Dating-Guide.
ISBN: 978-3947738946

Ihnen hat das Buch gefallen? Wenn ja, beweist das eindeutig Ihren guten Geschmack. Es wäre toll, wenn Sie uns bei dem Online-Shop eine Bewertung geben, bei dem Sie das Buch bestellt haben. Oder Sie schreiben uns bei Ihrem Lieblings-Buchportal eine Rezension. Wir freuen uns immer, Meinungen zu unseren Werken zu lesen. Es hilft uns dabei, weitere Ideen umzusetzen und neue Leserinnen und Leser für unsere Bücher zu finden. Ach ja, sollten Sie das Buch überhaupt nicht gelesen oder es gar aus der Toilette eines Bekannten (dort liegen unsere Bücher für gewöhnlich) gemopst haben, dann schämen Sie sich :).

Beste Grüße von Franz und Rafael

FRANZ ZWERSCHINA ist leidenschaftlicher Leser, Texter und Fotograf. In seiner Freizeit sammelt er außergewöhnliche Bücher und Spielzeug von Transformers. Am liebsten faulenzt er und sinniert dabei über die Entstehung der Arten.

RAFAEL BETTSCHART ist Creative Director und Filmemacher. Er hat keine Hobbys und wundert sich über Franz, wo er die Zeit zum Faulenzen hernimmt. Das Transformers-Spielzeug gefällt ihm aber sehr gut.